おかずがいらない

ごっついスープ

きじまりゅうた

家の光協会

「ごっついスープ」のススメ

具がたっくさん入っていて、見た目も食べ応えもボリューミー。これだけで済ませてもいいし、しっかり食べたいときはプラスご飯と漬けものがあれば献立が(ほぼ)成立しちゃうじゃん！ という汁もののことを、ボクは「ごっついスープ」と呼んでいる。

「ごっつい」の定義は大きく分けて3パターン。具材がでかくて「ドカン」としたもの。細かく刻んだ具が「ドサッ」と入っているもの。山盛りの具材を「ドロッ」とさせたポタージュ系。「ド」から始まるのが、ごっついスープの決まり。

準備するのは、「タンパク質×味の出る野菜×ボリュームの出る野菜＋トッピング」。つまり3種類の食材とおまけで成立する。材料がシンプルだから準備も楽ちんだし、余さず使いきれる。具の量が多いと食材からうまみがしっかり出る。ガツンとおいしい肉のうまみ、じんわりやさしい野菜のうまみ。だから、わざわざだし汁もとらなくていいし、スープの素も必要最低限で済む。

肉も野菜も入っていて満足感があるので、これ一品でお腹いっぱいになるのもうれしい。数年前のボクのダイエット生活を支えてくれたのも、間違いなく、この「ごっついスープ」だった。

本書では、毎日食べても飽きないように、ガツンと食べたいときの「しっかり味」や「こってり味」もあれば、疲れた体にやさしい「あっさり味」、元気をつけたいときの「ピリ辛味」などもバランスよく配置した。とりあえず具材を切って鍋に入れ、水分を加えて火にかける。味つけをどうするかは、それから考えても遅くない。

昼か夜に多めに作って、なんなら翌朝も食べられるとうれしい。朝食にごっついスープは、満腹になるけど眠くならないし、お腹から温まるので一日が元気にスタートできる。夕食にごっついスープは、次の日の体調を整えるのに最適。ご飯やパンを添えれば、体も心も満たさせる。

ごっついスープはあなたの生活を変える！　……かも。

きじま　りゅうた

目次

2 「ごっついスープ」のススメ
8 「ごっついスープ」のお約束

がっつり食べたい

10 鶏肉とじゃがいものバタみそスープ
12 鶏肉とかぶの生ハムスープ
14 手羽元とごぼうのサムゲタン風
15 手羽先とごろごろキャベツの白湯《パイタン》スープ
16 豚肉とさつまいものキムチスープ
18 スペアリブと大根のオイスタースープ
20 ビーフシチュースープ
22 ひき肉とキャベツの重ねスープ
24 白菜入り餃子スープ
26 肉団子ときゅうりの塩スープ
28 あさりとベーコン、じゃがいものスープ
29 鮭のクリームスープ
30 ごぼう入りあら汁
31 薄切りおでん

最近野菜が足りてない

32 くし形キャベツと豚バラの和スープ
34 レタスと豚肉のしゃぶしゃぶみそ汁
35 大根のごろごろ豚汁
36 シャキシャキ白菜ともやしのたぬき汁
37 小松菜と油揚げの辛子すまし
38 ごぼうとささ身の梅すまし
39 しいたけ、きゅうり、はんぺんのおつゆ
40 ミニトマトと牛肉のエスニックスープ
41 ラタトゥイユ風スープ

家にある、にん・玉・じゃがで

42 肉じゃがスープ
44 じゃがいもとツナの唐辛子スープ
46 丸ごとじゃがバタスープ
48 オニオンポテトグラタンスープ
50 まん丸玉ねぎとフランクフルトのポトフ
51 にんじん、玉ねぎ、さば缶のスープカレー
52 にんじん、玉ねぎ、さつま揚げの塩昆布スープ
53 沢煮椀風

白メシがすすみすぎる

54 ニラ、えのき、落とし卵のみそ汁
56 牛肉ときのこのすき煮スープ
58 ゴーヤチャンプルースープ
59 白菜漬けとソーセージのすっぱスープ
60 鶏肉のココナッツカレースープ
62 マーボースープ
64 ひき肉と大根のザーサイスープ
65 もずくとえのきたけの酸辣湯《サンラータン》

豆腐や大豆製品ならヘルシー

66 つぶし豆腐の冷や汁
68 豆腐と水菜の明太スープ
70 湯豆腐スープ
71 炒り豆腐とオクラのかき卵スープ
72 豆腐とアボカドの冷製ポタージュ
73 油揚げとしいたけの香ばしすまし
74 厚揚げとトマトの蒸し煮スープ
75 大豆のチリビーンズスープ

朝いちのサラダスープ

76 キャベツとベーコンのオイスタークリームスープ
78 レタスと生ハムのシャキシャキスープ
79 アスパラ、ソーセージ、温泉卵のスープ
80 アボカドのホットサラダスープ
81 もやし、ミニトマト、炒り卵の中華スープ
82 きゅうりとトマトのヨーグルトスープ
83 コーンフレークの豆腐トマトポタージュ

＊計量単位は、1カップ＝200㎖、大さじ1＝15㎖、小さじ1＝5㎖です。
＊ガスコンロの火加減は、特にことわりのない場合は中火です。
＊電子レンジの加熱時間は600Wを基準にしています。様子をみながら加減してください。
＊豆腐は1丁350～400gのものを使っています。
＊削り節は1パック4g入りのものを使っています。

市販品でちゃっかり

84 焼売《シューマイ》春雨スープ
86 から揚げトマトスープ
87 サラダチキンの冷製とろろスープ
88 焼き鳥の親子汁
89 厚揚げとさばみそ煮スープ
90 肉まん入りラーメン屋スープ
91 スープ焼きそば

92 食べたい食材で探すインデックス

「ごついスープ」のお約束

使う食材は3つ。たまに2つ

この本で紹介するのは、大きめカットの具材がドカンと入ったスープ、小さめカットの具材がドサッと入ったスープ、つぶした具材がたっぷり入ったドロッとポタージュ系スープ。そのほとんどが3つの食材で構成され、たまに2つの食材で作れるものもある。使う食材が少なければ買い物も調理も楽だし、なんといっても、作ってみようという気になる。思い立ったらすぐに作れるのがいちばんだ。

水だけでOK。だし汁いらず

この本で作るスープは、うまみの出る食材とうまみを吸う食材を組み合わせているので、食材のうまみが溶け合って、いい感じの味になる。だから、和風のだし汁を使う必要がない。昆布と削り節を鍋に入れてしまえばいい。たまに洋風と中華風のスープの素を使うけれど、それだって最小限。コクがあるのに後味すっきりだから、山盛り食べても飽きず、お代わりしても体に負担がなく、温め直してもなお、おいしい。

一度に作る量は2〜3人分

各ページの材料表には2〜3人分と記しているけれど、言い換えれば2〜3回分、山盛り食べれば2回分ということになる。まとめて作れば、具材の量が多い分うまみが出ておいしくなるし、食材にも無駄が出ない。次の日も食べられるし、スープかけご飯や雑炊にもできる。かといって、作りすぎると飽きてしまうし、何度も温め直すうちに味が落ちる。2〜3人分＝2〜3回分がちょうどいい。

買っておくと便利な、うまみアイテム

だし汁や本格スープはいらないけれど、それでも、使う食材によっては、うまみがちょっと足りない、もっとうまみが欲しい……というときも。そんなときに使いたいのがこちら。ここでは、この本で使ったうまみアイテムを紹介。どれも日もちするのでストックしておくといい。

めんつゆ　だし昆布　削り節　顆粒スープの素　桜えび　とろろ昆布　鶏ガラスープの素　塩昆布

あるとおいしいアクセント

スープの中に味つけや隠し味として入れたり、食べるときにスープにのせたり、ふりかけたり……。少量加えるだけで味にアクセントがついて、パンチのある味わいになるアイテムがこちら。たくさん入れなくてもおいしさが倍増する。

揚げ玉　赤唐辛子　タバスコ　パルメザン粉チーズ　ラー油　おろしにんにく　レモン（搾り汁）　梅干し　おろししょうが　カレールウ　炒りごま（白・黒）

ご飯やパンも食べたいから

「ごっついスープ」はそれだけでも一食として完結するけれど、炭水化物を添えれば、立派な献立になる。そこで冷凍庫にストックしておきたいのがご飯とパン。小腹が空いたときや深夜にも活躍する。

食パンは１枚ずつラップで包み、冷凍用保存袋に入れて冷凍庫へ。フランスパンを冷凍するときは、食べやすい長さに切って同様に。

ご飯は１食分ずつラップにのせて平らにして包み、粗熱がとれたら冷凍庫へ。

がっつり食べたい

肉が主役、たまには魚介。
もちろん野菜も入って
栄養満点！

鶏肉とじゃがいものバタみそスープ

［材料　2～3人分］
鶏もも肉…大1枚
じゃがいも…1個
玉ねぎ…½個
水…3カップ
A ─ みそ…大さじ2
　 ─ みりん…大さじ1
　 ─ しょうゆ…大さじ1
バター…10g
一味唐辛子…適量

肉も野菜も大きめに切って、
ガツンと頬張るのが最高！

1 鶏肉は6等分に切る。じゃがいもは皮をむき、6等分に切って水にさらし、水けをきる。玉ねぎは根元を落として4等分のくし形に切る。

2 鍋に**1**と分量の水を入れてふたをして火にかけ、煮立ったらアクをひき、再びふたをして弱火で7～8分煮て鶏肉と野菜に火を通す。

3 Aを加えてさらに2～3分煮る。

4 器に盛ってバターをのせ、一味唐辛子をふる。

鶏肉とかぶの生ハムスープ

鶏肉を焼きつけてから煮るのが、おいしさのポイント

［材料　2〜3人分］

- **鶏もも肉**…大1枚
- **かぶ**（葉つき）…小6個
- **生ハム**…小1パック（20g）
- 白ワイン…大さじ4
- オリーブオイル…大さじ1
- A　水…3カップ
- 　　塩…小さじ½
- 塩、粗びき黒こしょう…各適量

1 鶏肉は縦半分に切り（a）、火が通りやすいように、2〜3cm間隔に切り込みを入れる（b）。かぶは茎を1cmほど残して切り落とし、皮をむく。茎は4cm長さに切る。

2 フライパンにオリーブオイルを入れ、鶏肉の皮を下にして並べ入れて火にかける。焼き色がついたら裏返し（c）、かぶを入れてざっと焼く。

3 白ワインを加え、煮立ててアルコール分を飛ばし、Aを加える。ふたをし（d）、弱火で8分ほど煮る。鶏肉とかぶに火が通ったら塩、こしょう各少々で味を調え、かぶの茎を入れてさっと煮る。

4 器に盛り、生ハムをちぎってのせ、好みでこしょうをふる。

a
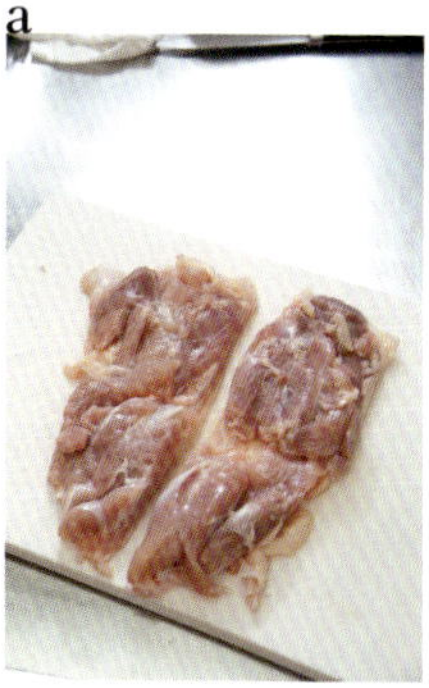

b
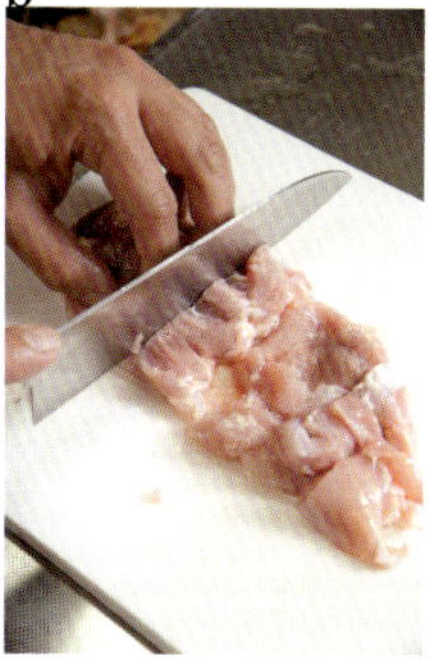

c

d

手羽元とごぼうのサムゲタン風

骨つき肉を使うと
うまみたっぷり。
このシンプルさがいい

［材料　2～3人分］
鶏手羽元…6本
ごぼう…½本
米…大さじ3
クコの実（あれば）…適量
水…4カップ
A ごま油…大さじ½
　塩…小さじ½

1 ごぼうは皮を洗って5㎝長さに切る。米はさっと洗う。クコの実は水につけてもどす。

2 鍋に手羽元と**1**、分量の水を入れてふたをして火にかけ、煮立ったらアクをひく。再びふたをして弱火で15分ほど煮、鶏肉、ごぼう、米に火を通す。Aで調味する。

手羽先とごろごろキャベツの白湯《バイタン》スープ

［材料　2〜3人分］
手羽先…6本
キャベツ…¼個
にんにく…2片
赤唐辛子の小口切り…1本分
水…6カップ
塩…小さじ½
白すりごま…大さじ½

1 手羽先は関節で半分に切る。キャベツはくし形に切り、にんにくは縦半分に切る。

2 鍋に手羽先、にんにく、赤唐辛子、分量の水を入れてふたをし、火にかける。煮立ったらアクをひき、再びふたをして、吹きこぼれない程度の弱めの中火で15分ほど煮る。

3 塩で味を調え、キャベツを入れて火を通す。

4 器に盛ってごまをふる。

手羽先を使った
簡単白湯スープが魅力。
ラーメンを入れても

豚肉とさつまいものキムチスープ

a

b

c

[材料　2〜3人分]
豚肩ロース厚切り肉…2枚
さつまいも…200g
白菜キムチ…100g
ごま油…大さじ½
A 水…3カップ
しょうゆ…大さじ2½
酢…大さじ1
みりん…大さじ1
黒すりごま…大さじ½

食べ応え十分、
キムチの辛さと
さつまいもの甘さも絶妙

1
豚肉は4〜5cm長さに切る。さつまいもは1.5cm幅の輪切りまたは半月切りにして水にさらし(a)、水けをきる。

2
フライパンにごま油を熱してさつまいもをざっと炒め、油がなじんだら豚肉を加え、肉の色が変わるまで焼く(b)。

3
キムチを汁ごと入れてなじませ(c)、Aを加えてふたをし、煮立ったら弱火で7〜8分、さつまいもがやらかくなるまで煮る。

4
器に盛ってごまをふる。

スペアリブと大根のオイスタースープ

大根もスペアリブも
下ゆでが肝心

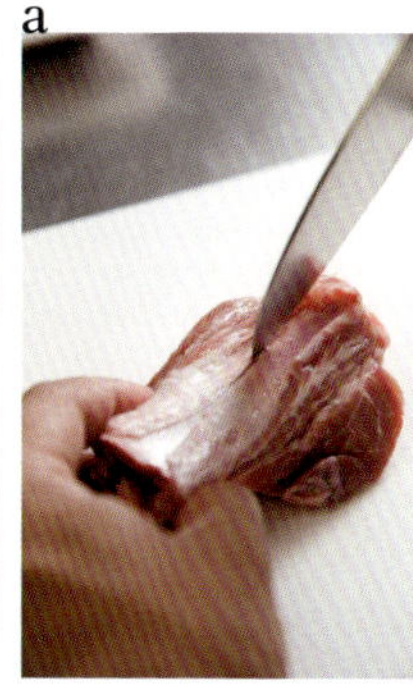

a

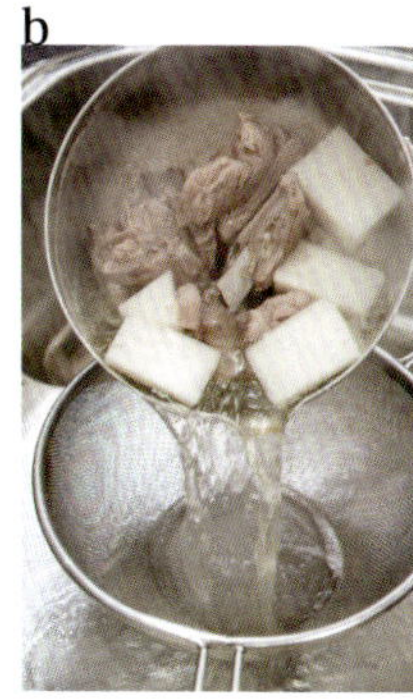

b

c

［材料　2～3人分］
豚スペアリブ（ハーフカット）…6本
大根…5cm
細ねぎ…½束
A
水…3カップ
オイスターソース…大さじ2
しょうゆ…大さじ1½

1
スペアリブは骨についた膜に切り目を入れる（a）。大根は皮を厚めにむいて6等分のくし形に切る。細ねぎはざく切りにする。

2
鍋にスペアリブと大根を入れ、たっぷりの水（分量外）を注いで火にかけ、煮立ったら火を弱めて10分ほどゆでる。スペアリブと大根に火が通ったらいったんざるにあけ（b）、スペアリブと大根をさっと洗う。

3
鍋をきれいにしてAを入れ、**2**のスペアリブと大根を戻し入れる（c）。ふたをして火にかけ、煮立ったら弱火で10分ほど煮る。細ねぎを加えてさっと火を通す。

ビーフシチュースープ

［材料　2～3人分］

牛赤身肉（ステーキ用）…300g

玉ねぎ…1個

小麦粉…適量

サラダ油…大さじ1

赤ワイン…150㎖

A **野菜ジュース**…¾カップ

水…1カップ

ウスターソース…大さじ3

はちみつ…大さじ½

バター…10g

塩…小さじ¼

1 玉ねぎは根元の芯をくり抜き、8等分のくし形に切る。牛肉は8等分に切って小麦粉をまぶしつける（a）。

2 フライパンにサラダ油を入れて火にかけ、牛肉を並べ入れて両面焼きつける（b）。

3 玉ねぎを加え、赤ワインを注ぎ入れ（c）、Aを加える。ふたをして、煮立ったら弱火で15分、牛肉と玉ねぎがやわらかくなるまで煮る。

a

b

c

途中まで食べすすんだら、ご飯を入れるのもおすすめ。

牛肉と赤ワインで作る、
ちょっと贅沢《ぜいたく》な一皿

ひき肉とキャベツの重ねスープ

a

b

c

もりもり食べられる組み合わせ。
しょうゆで味変えしても

［材料　2〜3人分］
合いびき肉…200g
キャベツ…300g
A
卵…1個
パン粉…大さじ3
牛乳…大さじ2
塩…小さじ¼
B
水…3カップ
塩…小さじ½
こしょう…少々

1 ひき肉はボウルに入れ、Aを加えてよく練る(a)。
2 キャベツは5㎜幅の細切りにする。
3 鍋に**1**の半量を入れて平らにし、キャベツの半量を入れてならす。その上に残りの**1**と**2**をそれぞれ同様に重ねて(b)ならす。
4 Bを混ぜて**3**に注ぎ入れ(c)、ふたをして中火にかける。鍋が温まってきたら弱火にし、ひき肉に火が通り、キャベツがやわらかくなるまで10分ほど煮る。

白菜入り餃子スープ

［材料　2～3人分］
豚ひき肉…100g
白菜…200g
餃子の皮…大判10枚
塩…小さじ½
A ごま油…小さじ1
　しょうゆ…小さじ2
B 水…3カップ
　しょうゆ…大さじ1½
　酒…大さじ1½
　鶏ガラスープの素…大さじ1
ラー油、酢（好みで）…各少々

大きめに切った白菜の葉で
餃子のスープがボリュームアップ

1 白菜は葉と軸の部分に分け、葉は大きめに切る。軸は粗みじん切りにして塩をふって手でもみ、水けを絞る（a）。

2 ボウルにひき肉とAを入れてよく練り、塩もみした白菜の軸を加えて混ぜる（b）。

3 餃子の皮に**2**を10等分にしてのせ、皮の周囲に指で水をつけ（c）、半分に折るようにして包む（d）。

4 鍋にBを入れて煮立て、**3**を加えて5分ほど煮、白菜の葉を入れてさっと煮る。

5 器に盛ってラー油、酢をかける。

a
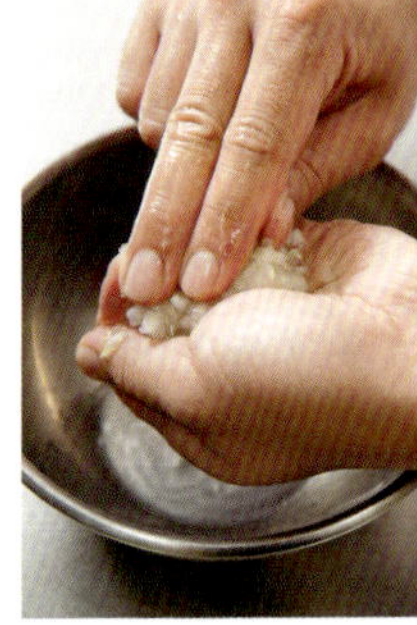
b

c
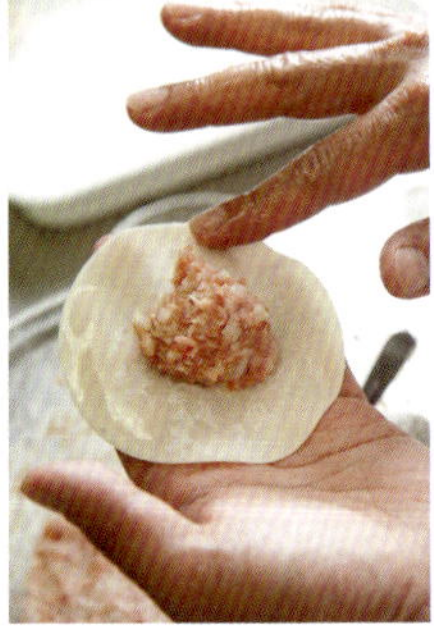
d

肉団子ときゅうりの塩スープ

［材料　2～3人分］
- **豚ひき肉**…250g
- **きゅうり**…1本
- **長ねぎ**…1本
- A
  - 酒…大さじ1
  - 片栗粉…大さじ1
  - 塩…小さじ¼
- B
  - 水…3カップ
  - 塩…小さじ½強
  - 削り節…1パック
- 粉山椒…適量

a

b

c

**やわらかい肉団子と
シャキシャキきゅうりの
バランスがいい**

1 きゅうりは大きめの乱切りにする(a)。長ねぎは1cm幅の斜め切りにする。

2 ボウルにひき肉を入れてよく練り、Aを加えて混ぜる。

3 鍋にBを入れて煮立て(b)、**2**を6等分にして丸めて入れる(c)。肉団子の表面の色が変わったら**1**を加え、ふたをして弱火で7～8分、肉団子に火を通す。

4 器に盛って粉山椒をふる。

あさりとベーコン、じゃがいものスープ

あさりとベーコンのうまみを楽しみたいから味つけはシンプルに

［材料　2～3人分］
あさり（殻つき。砂抜きしたもの）…200g
ベーコン（かたまり、または切り落とし）…60g
じゃがいも…1個
おろしにんにく…小さじ1
オリーブオイル…大さじ1
水…2½カップ
塩…適量
カットレモン（好みで）…適量

1 あさりは殻をこすり合わせて洗う。ベーコンは7～8㎜厚さに切る。じゃがいもは皮をむいて1㎝幅の半月切りにし、水にさらし、水けをきる。

2 鍋にベーコン、じゃがいも、おろしにんにく、オリーブオイルを入れて火にかけ、じゃがいもの表面が透明になるまで炒める。分量の水を注いでふたをし、煮立ったら弱火で5分ほど煮る。

3 じゃがいもに火が通ったらあさりを加え、ふたをしてあさりの口が開くまで煮る。塩で味を調える。

4 器に盛り、レモンを添える。

鮭のクリームスープ

［材料　2～3人分］
甘塩鮭…2切れ
ブロッコリー…½個
エリンギ…100g
小麦粉…適量
バター…10g
水…1½カップ
A ┃牛乳…1½カップ
　┃塩…小さじ¼
パルメザン粉チーズ…適量

たまには魚のスープも食べたい。
いつもの鮭で洋風仕立てに

1 ブロッコリーは小房に分け、軸の部分は皮をむいて食べやすい大きさに切る。エリンギは食べやすい大きさに切る。鮭は3等分に切って小麦粉をまぶす。

2 フライパンにバターを入れて火にかけ、鮭を並べ入れて両面を焼き、ブロッコリーとエリンギを加えてさっと焼く。

3 分量の水を注ぎ入れ、煮立ったらAを加え、鮭、ブロッコリー、エリンギに火が通るまで煮る。仕上げに粉チーズ大さじ2をふる。

4 器に盛り、さらに好みで粉チーズをふる。

ごぼう入りあら汁

［材料　2〜3人分］
鯛などのあら…1尾分（400g）
ごぼう…½本
玉ねぎ…½個
A ┃水…3カップ
　┃酒…大さじ2
みそ…大さじ2½

あらはいいだしが出るし、
ごぼうとの相性も2重丸

1 あらはたっぷりの熱湯に入れて1分ほどゆで、ざるにあけて水で洗い、血合いを落とす。

2 ごぼうは皮を洗って5㎝長さに切り、太いものは縦半分に切る。玉ねぎは繊維に沿って1㎝幅に切る。

3 鍋にAとごぼうを入れてふたをし、火にかける。煮立ったら弱火で5分ほど煮る。

4 玉ねぎとあらを加え、玉ねぎがしんなりしてきたら、みそを溶き入れて3分ほど煮る。

薄切りおでん

だし昆布と削り節があればだし汁不要。
具も薄切りだから時短

［材料　2～3人分］
大根…5㎝
厚揚げ…小2枚
ちくわ…2本
A　水…4カップ
　だし昆布…5㎝
B　しょうゆ…大さじ1
　みりん…大さじ1
　塩…小さじ½
削り節…1パック
溶き辛子…適量

1 大根は皮を厚くむいて1㎝幅の半月切りにする。厚揚げは1㎝幅に切り、ちくわは1㎝幅の斜め切りにする。

2 鍋に**1**とAを入れてふたをし、火にかける。煮立ったら弱火で7～8分煮る。

3 大根に火が通ったらBで調味し、さらに5分煮て削り節を加える。

4 器に盛り、溶き辛子を添える。

最近野菜が足りてない

とにかく野菜を
山盛り食べたい！
そんなときの
ビタミンスープ

くし形キャベツと豚バラの和スープ

［材料　2～3人分］
キャベツ…¼個
豚バラ薄切り肉…100g
えのきたけ…100g
A─水…3カップ
　─みりん…大さじ1
　─塩…小さじ½
ポン酢じょうゆ…適量

コトコト煮たキャベツは
甘くって芯までおいしい！

1
キャベツは4等分のくし形に切り、えのきたけは石づきを落として半分の長さに切り、粗くほぐす。

2
鍋に**1**とAを入れてふたをし、火にかける。煮立ったら、豚肉を1枚ずつ入れてほぐし、アクをひく。

3
ふたをしてキャベツに火が通るまで5～6分煮る。

4
器に盛り、ポン酢じょうゆをかける。

レタスと豚肉のしゃぶしゃぶみそ汁

［材料　2〜3人分］

レタス…½個

豚ロース薄切り肉

（しゃぶしゃぶ用）…100g

玉ねぎ…½個

A　水…2½カップ
　　だし昆布…5㎝

B　みそ…大さじ2½
　　みりん…大さじ1

1　レタスは7〜8㎝角にちぎる。玉ねぎは繊維に垂直に3㎜幅の細切りにする。

2　鍋にAを入れ、煮立ってきたら昆布を引き出し、Bを溶き入れる。

3　豚肉を入れてほぐし、レタスと玉ねぎを入れてしんなりするまで煮る。

葉野菜は火を通すとカサが減って
たくさん食べられる

大根のごろごろ豚汁

食物繊維の多い根菜を使った、
よくかんで食べるみそ汁

［材料　2～3人分］

大根…8㎝
にんじん…小1本
豚こま切れ肉…100g
サラダ油…大さじ½
水…3カップ
みそ…大さじ3
きな粉（あれば）…大さじ½

1 大根は皮を厚めにむいて1㎝幅の半月切りにする。にんじんは皮をむいて5㎝長さに切り、1㎝角の棒状に切る。

2 鍋にサラダ油を熱して**1**を炒め、分量の水を注いでふたをし、煮立ったら弱火で10分ほど煮る。

3 豚肉を入れてアクをひき、みそで調味し、ふたをしてさらに5分ほど煮る。

4 器に盛り、きな粉をふる。

シャキシャキ白菜ともやしのたぬき汁

［材料　2～3人分］
白菜…200g
もやし…200g
A｜水…2½カップ
　｜めんつゆ（3倍濃縮）…大さじ4
揚げ玉…大さじ2
卵黄…2～3個分

1 白菜は繊維と垂直に3㎜幅の細切りにする。
2 鍋にAを入れて煮立て、白菜ともやしを入れ、少ししんなりするまで煮る。
3 器に盛り、揚げ玉を散らし、卵黄をのせる。

揚げ玉と卵で満足度アップ。
しょうゆ味でホッとなごむ

小松菜と油揚げの辛子すまし

体にうれしい青菜、きのこ、大豆製品のトリオ

［材料　2～3人分］
小松菜…200g
油揚げ…1枚
しめじ…100g
A　水…2½カップ
　だし昆布…5cm
　しょうゆ…大さじ2
　みりん…大さじ1
削り節…1パック
溶き辛子…小さじ1

1 小松菜は4cm長さに切り、軸と葉の部分に分ける。しめじは石づきを落としてほぐす。油揚げはぬるま湯でもみ洗いし、水けをきって1cm幅に切る。

2 鍋にA、しめじ、油揚げを入れて火にかけ、煮立ってきたら昆布を引き出す。

3 小松菜の軸、葉、削り節の順に入れてさっと煮る。

4 器に盛って溶き辛子を添える。

ごぼうとささ身の梅すまし

梅風味ですっきり。
ささ身は片栗粉をまぶして煮るのがポイント

［材料　2〜3人分］
ごぼう…1本
鶏ささ身…2本
三ツ葉…1パック
片栗粉…適量
A　だし昆布…5cm
　　水…3カップ
　　梅干し（塩分15％）…2個
塩…小さじ½

1　ごぼうは皮を洗って5cm長さの斜め薄切りにする。三ツ葉は4cm長さに切り、ささ身は一口大のそぎ切りにして片栗粉をまぶしつける。

2　鍋にAを入れて梅干しを軽くつぶし、ごぼうを加えて火にかける。煮立ってきたら昆布を引き出し、ふたをして弱火で8分ほど煮る。

3　ごぼうに火が通ったら、ささ身を加えてさっと煮、三ツ葉を加えて火を通す。

しいたけ、きゅうり、はんぺんのおつゆ

［材料　2〜3人分］
しいたけ…3枚
きゅうり…2本
はんぺん…1枚
A 水…2½カップ
　だし昆布…5cm
　しょうゆ…大さじ1
　みりん…大さじ1
　塩…小さじ½
粗びき黒こしょう…適量

1 しいたけは石づきを落として1cm角に切る。きゅうりとはんぺんは1cm角に切る。

2 鍋にAとしいたけを入れて火にかけ、煮立ってきたら昆布を引き出し、きゅうりとはんぺんを加えて3分ほど煮る。

3 器に盛り、こしょうをふる。

黒こしょうをきかせるのがおすすめ。
熱々でも冷めてもおいしい

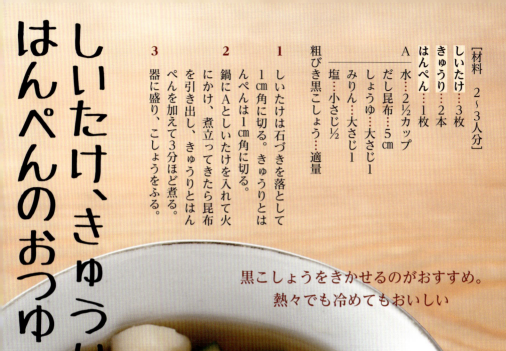

ミニトマトと牛肉のエスニックスープ

［材料　2〜3人分］

ミニトマト…16個
牛切り落とし肉…100g
セロリ…1本
サラダ油…大さじ½
A
水…2½カップ
ナンプラー…大さじ1½
酢…大さじ1½

1 ミニトマトはヘタを取って縦半分に切る。セロリは筋を取って5㎜幅の斜め切りにし、セロリの葉は5㎜四方に切る。

2 フライパンにサラダ油を入れて火にかけ、セロリ、牛肉、ミニトマトの順に入れてさっと炒める。

3 Aを加え、煮立ったらアクをひき、3分ほど煮る。仕上げにセロリの葉を加えて混ぜる。

ナンプラーと酢で、
たまにはアジアンテイストに

ラタトゥイユ風スープ

蒸し煮した野菜はうまみたっぷり。
野菜の味を存分に楽しみたい

［材料　2〜3人分］
なす…2本
ズッキーニ…1本
トマト…2個
オリーブオイル…大さじ2
A　水…1½カップ
　塩…小さじ½強
　おろしにんにく…小さじ½

1 なすとズッキーニは1.5㎝幅の半月切りにし、大きければいちょう切りにする。トマトはヘタを除いて1.5㎝角に切る。

2 鍋にオリーブオイル、なす、ズッキーニを入れてふたをし、弱めの中火にかける。ときどき鍋をゆすりながら野菜がしんなりするまで4分ほど蒸し煮する。

3 Aとトマトを加え、再びふたをして5分ほど蒸し煮する。

家にある、にんじん・玉・じゃがで

にんじん、玉ねぎ、じゃがいも。
ドカンと使った、おかずスープ

肉じゃがスープ

厚切りロースで作ると
ガッツリ。
辛子をつけて食べると
うまい！

［材料　2〜3人分］
じゃがいも…2個
玉ねぎ…½個
豚ロース厚切り肉…1枚
サラダ油…大さじ½
水…3カップ
A しょうゆ…大さじ3
　砂糖…大さじ1
　みりん…大さじ1
溶き辛子…適量

1
じゃがいもは皮をむいて4〜6等分に切って水にさらす。玉ねぎは繊維に沿って2㎝幅に切る。豚肉は6等分に切る。

2
鍋に水けをきったじゃがいもとサラダ油を入れてふたをし、火にかける。ときどき混ぜながら5分ほど蒸し炒めする。

3
豚肉と玉ねぎを加えてさらに炒め、色が変わったら、分量の水を注いでふたをし、煮立ったら弱火で5分ほど煮る。野菜と肉に火が通ったら、Aを加えてさらに7〜8分煮る。

4
器に盛り、溶き辛子を添える。

じゃがいもとツナの唐辛子スープ

ピリッとした辛さとしびれるような辛さを
ダブルで楽しむ

［材料　2～3人分］
じゃがいも…2個
玉ねぎ…½個
ツナ缶…1缶
赤唐辛子…2本
ごま油…大さじ½
水…2½カップ
A
　しょうゆ…大さじ2
　トマトケチャップ…大さじ1
　鶏ガラスープの素…大さじ½
ラー油、粉山椒…各適量

a

b

c

1
じゃがいもは皮をむいて1㎝幅の半月切りにし、水にさらす(a)。玉ねぎは繊維に沿って1㎝幅に切る。赤唐辛子は種を除いて半分にちぎる。

2
鍋にごま油を熱し、水けをきったじゃがいも、玉ねぎの順に入れて炒め、赤唐辛子を加える(b)。分量の水を注いでふたをし、煮立ったら弱火で5分ほど煮る。

3
Aとツナ缶を缶汁ごと加え(c)、再びふたをしてさらに5分ほど煮、ラー油、粉山椒各少々で味を調える。

4
器に盛り、好みでさらにラー油、粉山椒をふる。

丸ごとじゃがバタスープ

a

b

c

[材料　2人分]
じゃがいも…2個
玉ねぎ…½個
ベーコン(薄切り。ハーフサイズ)…4枚
バター…30g
A 水…2½カップ
顆粒スープの素…小さじ2
粗びき黒こしょう…少々
ドライパセリ(あれば)…少々

1 じゃがいもは1個ずつ皮ごとラップで包んで電子レンジで約3分加熱し、裏返してさらに3分加熱して中まで火を通す。粗熱がとれたら、竹串などを使って皮をむく(a)。

2 玉ねぎは繊維に沿って5㎜幅の細切りにし、ベーコンは1㎝幅に切る。

3 鍋にバター20gを溶かして玉ねぎ、ベーコンを入れ、玉ねぎがしんなりするまで炒める(b)。Aを加えてふたをし、煮立ったら弱火で3分ほど煮、じゃがいもを加え(c)、温める。

4 器に盛ってドライパセリをふり、残りのバターをのせる。

ベーコンが入るだけでうまさ倍増。
じゃがいもをくずしながら食べてみて

オーブントースターで仕上げるから簡単。
熱々を頬張りたい

オニオンポテトグラタンスープ

［材料　2人分］
玉ねぎ…1個
じゃがいも…1個
フランスパン…6㎝
オリーブオイル…大さじ1
砂糖…大さじ½
A　水…2½カップ
　　顆粒スープの素…小さじ2
　　塩…少々
パルメザン粉チーズ…大さじ3

a

b

c

1 玉ねぎは繊維と垂直に3㎜幅の細切りにする。じゃがいもは皮をむいて5㎜幅のいちょう切りにし、水にさらす。フランスパンは4等分の厚さに切る。

2 フライパンにオリーブオイルと玉ねぎを入れて炒め、しんなりして焼き色がついてきたら砂糖を加え（a）、全体に色づくまで炒める。

3 水けをきったじゃがいもを加えてさらに炒め、全体になじんだらAを加えてふたをし、煮立ったら弱火で3分ほど煮、じゃがいもに火を通す。

4 耐熱容器に半量ずつ移し（b）、フランスパンを2枚ずつのせて粉チーズを散らし（c）、オーブントースターで焼き色がつくまで焼く。

まん丸玉ねぎとフランクフルトのポトフ

［材料　2～3人分］
玉ねぎ…小2個
フランクフルトソーセージ…4本
にんじん…1本
A ┃ 水…3カップ
　┃ 塩…小さじ½
　┃ ローリエ…2枚
オリーブオイル…大さじ1
粒マスタード…適量

1 玉ねぎは十字に切り目を半分の高さまで入れる。にんじんは皮をむいて縦半分に切る。

2 鍋に**1**とソーセージを入れ、Aを加えてふたをし、火にかける。煮立ったら弱火で15分ほど煮る。

3 器に盛り、オリーブオイルをかけて粒マスタードを添える。

野菜のおいしさを
ダイレクトに味わう。
多めに作りおいても

次の日は、トマトケチャップ適量を混ぜてトマトスープにしてもいい。

にんじん、玉ねぎ、さば缶のスープカレー

さば缶を使うと
おいしくって時短。
ウスターソースが
隠し味

［材料　2〜3人分］
にんじん…1本
玉ねぎ…1個
さば水煮缶…1缶
水…3カップ
好みのカレールウ
…1皿分（商品のパッケージに従う）
ウスターソース…大さじ2
一味唐辛子…適量

1 にんじんは皮をむいて1cm幅の輪切りにする。カレールウは粗く刻む。玉ねぎは縦半分に切り、繊維と垂直に2cm幅に切る。

2 鍋ににんじん、玉ねぎ、さば缶を缶汁ごと入れ、分量の水を注いでふたをし、火にかける。煮立ったら弱火で7〜8分煮、野菜に火を通す。

3 カレールウを入れて溶かし、ウスターソースを加え、さらに2分ほど煮る。

4 器に盛り、一味唐辛子をふる。

にんじん、玉ねぎ、さつま揚げの塩昆布スープ

塩昆布で味がびしっと決まる。さつま揚げの代わりに笹かまでも

[材料　2~3人分]
にんじん…1本
玉ねぎ…½個
さつま揚げ…3枚
水…3カップ
A ┃ 塩昆布…10g
　┃ 塩…少々
白炒りごま…適量

1 にんじんは皮をむき、ピーラーで縦に薄く削る。玉ねぎは繊維に沿って3㎜幅の細切りにする。さつま揚げも3㎜幅の細切りにする。

2 鍋に玉ねぎと分量の水を入れて火にかけ、煮立ったらにんじんとさつま揚げを加える。

3 にんじんに火が通ったら、Aで味を調える。

4 器に盛り、ごまをふる。

沢煮椀風

せん切り野菜を薄味で煮るのが「沢煮」。
ハムでうまみをプラス

［材料　2～3人分］
じゃがいも…1個
にんじん…1本
ロースハム…4枚
A
　水…2½カップ
　だし昆布…5㎝
　しょうゆ…小さじ2
　塩…小さじ¼
粗びき黒こしょう…少々

1 じゃがいもとにんじんは皮をむき、スライサーでせん切りにし、じゃがいもは水にさらす。ハムは3㎜幅の細切りにする。

2 鍋にAを入れて火にかけ、煮立ってきたら昆布を引き出し、水けをきったじゃがいも、にんじん、ハムを入れてさっと煮る。

3 器に盛り、こしょうをふる。

具が減ったら、ご飯を加えて雑炊にしたり、汁かけご飯にしても。

白メシがすすみすぎる

みそ、ピリ辛、こくうま、すっぱ味。飽きない工夫がてんこ盛り。

ニラ、えのき、落とし卵のみそ汁

［材料　2～3人分］
ニラ…1束
えのきたけ…200g
水…2½カップ
だし昆布…5㎝
A　みそ…大さじ2
　　しょうゆ…大さじ½
　　みりん…大さじ½
桜えび…大さじ3
卵…2～3個
一味唐辛子（好みで）…少々

桜えびでうまみをプラス、
最後に卵を割り落として完成！

1
ニラは4㎝長さに切る。えのきたけは石づきを落とし、半分の長さに切ってほぐす。

2
鍋にだし昆布、えのきたけ、分量の水を入れて火にかけ、煮立ってきたら昆布を引き出し、ふたをして弱火で2分ほど煮る。

3
Aのみそを溶き入れ、しょうゆとみりんを加え、ニラと桜えびを加えて混ぜる。卵を割り入れ、ふたをして好みのかたさに火を通す。

4
器に盛り、一味唐辛子をふる。

牛肉ときのこのすき煮スープ

c

a

b

具を炒めたら、
しょうゆと砂糖を混ぜて
味をつけるのがポイント

ご飯にのせて食べるのもおすすめ。残ったスープをご飯にかけても。

［材料　2〜3人分］

牛切り落とし肉…150g
まいたけ…1パック
長ねぎ…1本
サラダ油…大さじ½
A　しょうゆ…大さじ3
　　砂糖…大さじ1½
水…3カップ

1 まいたけは粗くほぐす。長ねぎは2cm幅の斜め切りにする。

2 フライパンにサラダ油を熱して長ねぎをさっと炒め、フライパンの奥に寄せ、あいたところに牛肉を入れて炒める。肉の色が変わりはじめたら、まいたけを加えて全体に炒め合わせる(a)。

3 Aを加え(b)、なじませながら混ぜ、分量の水を注ぎ入れ(c)、ふたをする。煮立ったら弱火で2分ほど煮る。

ゴーヤチャンプルースープ

この取り合わせが絶妙。定番おかずをスープ仕立てに

［材料　2～3人分］
ゴーヤ…小1本
スパム…小1缶
卵…3個
サラダ油…大さじ1
A 水…3カップ
削り節…1パック
しょうゆ…大さじ1
みりん…大さじ1
塩…小さじ½
削り節（好みで）…適量

1
ゴーヤは縦半分に切ってスプーンなどで種を除き、1㎝幅に切る。スパムは1㎝幅の短冊切りにする。卵は割りほぐす。

2
フライパンにサラダ油を入れて火にかけ、卵を流し入れて大きくかき混ぜ、火が通ったらいったん取り出す。

3
2のフライパンにゴーヤとスパムを入れてさっと炒め、Aを加えてふたをし、煮立ったら弱火で5分ほど煮る。火が通ったら卵を戻し入れてざっと混ぜる。

4
器に盛り、さらに削り節をふる。

白菜漬けとソーセージのすっぱスープ

白菜漬けの塩けと
酸味がアクセント。
クセになるおいしさ

[材料　2～3人分]

白菜漬け…200g
ウインナソーセージ…8本
パセリ…1枚
水…3カップ
オリーブオイル…大さじ1
塩…適量
タバスコ…少々

1 白菜漬けは6㎝幅に切り、パセリはみじん切りにする。ソーセージは1㎝間隔に切り目を入れる。

2 鍋に白菜漬け、ソーセージ、分量の水を入れてふたをし、火にかける。煮立ったら弱火で8分ほど煮る。

3 オリーブオイルを加え、塩とタバスコで味を調え、パセリを入れてひと混ぜする。

鶏肉のココナッツカレースープ

ココナッツミルク、オイスターソース、
ナンプラーのトリオでタイ風

［材料　2～3人分］
鶏もも肉（から揚げ用）…250g
なす…2本
サラダ油…大さじ½
A カレー粉…小さじ1
　おろしにんにく…小さじ½
B 水…1½カップ
　ココナッツミルク…1カップ
　オイスターソース…大さじ2
　ナンプラー…大さじ1
　砂糖…大さじ½

1 なすは5～6等分の乱切りにする。

2 フライパンにサラダ油を入れ、鶏肉となすを皮目を下にして並べ入れて火にかけ（a）、焼きつける。

3 焼き色がついたら裏返し、Aを加え（b）、なじませながら炒め合わせる。

4 Bを加え（c）、ふたをし、煮立ったら弱火で5分ほど煮る。

a

b

c

マーボースープ

［材料　2～3人分］
豚ひき肉…150g
木綿豆腐…1丁
細ねぎ(あれば)…4本
サラダ油…大さじ½
A
豆板醤《トウバンジャン》…小さじ1
おろしにんにく…小さじ½
B
水…2½カップ
オイスターソース…大さじ2
しょうゆ…大さじ1½
C
片栗粉…大さじ1
水…大さじ2

途中から、ご飯を入れて混ぜながら食べるのもいい。

ひき肉を炒めて辛みをつけ、
豆腐を入れたら
クツクツ煮るのがコツ

1 豆腐は1.5㎝角に切る。細ねぎは小口切りにする。

2 フライパンにサラダ油を熱してひき肉を炒め、Aを加え(a)、なじませながら炒め合わせ、Bを加える。

3 豆腐を加え(b)、ふたをして煮立ったら弱火で5分ほど煮る。

4 Cを混ぜ合わせて水溶き片栗粉を作り、**3**に回し入れて(c)ゆっくりと混ぜ、とろみをつける。仕上げに細ねぎを散らす。

a

b

c

ひき肉と大根のザーサイスープ

［材料　2～3人分］
豚ひき肉…150g
大根…8㎝
ザーサイ（味つき。薄切り）…20g
ごま油…大さじ1
A─水…2½カップ
　─塩…小さじ½
白炒りごま…大さじ1
粗びき黒こしょう…少々

ごま油とごまの香りたっぷり。火通りがいいからパパッとできる

1 大根は皮をむいて3～4㎜厚さの半月切りにする。

2 フライパンにごま油を入れて火にかけ、ひき肉を入れて粗くほぐしながら炒める。大根を加えて炒め合わせ、油がなじんだらAを加える。

3 煮立ったらザーサイを加え、ふたをして再び煮立ったら、弱火で3分ほど煮る。仕上げにごまとこしょうをふる。

もずくとえのきたけの酸辣湯《サンラータン》

市販のもずく酢を使うと手軽。
酢とラー油の量は好みで加減して

［材料　2〜3人分］
もずく酢…3パック（180g）
えのきたけ…200g
卵…2個
A 水…2カップ
　ごま油…大さじ½
　塩…小さじ½
B 酢…大さじ2
　ラー油…適量
　こしょう…少々
ラー油（好みで）…適量

1 えのきたけは石づきを落とし、半分の長さに切ってほぐす。卵は割りほぐす。

2 鍋にAとえのきたけを入れて火にかけ、煮立ったら、もずく酢を汁ごと加えてふたをし、再び煮立ったら弱火にして2分ほど煮る。

3 溶き卵を流し入れながら鍋の中を大きくかき混ぜて火を通し、Bで味を調える。

4 器に盛り、さらにラー油をふる。

豆腐や大豆製品ならヘルシー

植物性タンパク質に注目。
がっつり食べても
調子いい！

つぶし豆腐の冷や汁

［材料　2～3人分］
- **絹ごし豆腐**…1丁
- **ミニトマト**…8個
- **きゅうり**…1本
- A
  - 削り節…1パック
  - みそ…大さじ2
  - 白すりごま…大さじ1
- 冷水…1カップ
- 氷…適量

冷や汁はみそ味なので、ご飯にかけて食べるとおいしい。

喉越しがよくってサラサラッと
胃に収まる。呑んだあとにもいい

1 豆腐はペーパータオルの上でつぶし、上にもう1枚かぶせて水分を押し絞る。

2 ミニトマトはヘタを取って横半分に切る。きゅうりは5㎜幅の小口切りにする。

3 器にAとミニトマトを入れ、ミニトマトを軽くつぶしながら混ぜる。

4 **3**に**1**の豆腐を加えてさらに混ぜ、きゅうりと分量の冷水を加えて混ぜ合わせる。仕上げに氷を浮かべる。

豆腐と水菜の明太スープ

やさしい口当たりで、
体も気持ちも
ホッと温かくなる

[材料　2～3人分]
絹ごし豆腐…½丁
水菜…¼束
明太子…½腹
A ┃ 水…2½カップ
　┃ だし昆布…5㎝
B ┃ 片栗粉…小さじ2
　┃ 水…大さじ1½

1
水菜は4㎝長さに切る。明太子は薄皮に切り目を入れて身をこそげ出す(a)。

2
鍋にAを入れて火にかけ、煮立ってきたら昆布を引き出す。豆腐をスプーンで適量ずつすくって入れ(b)、温める。

3
Bを混ぜ合わせて水溶き片栗粉を作り、**2**に回し入れてとろみをつけ、明太子を加え(c)、豆腐をくずさないように混ぜて火を通す。

4
水菜を加えてさっと煮る。

a

b

c

湯豆腐スープ

［材料　2〜3人分］
木綿豆腐…1丁
白菜…200g
ベーコン（薄切り。ハーフサイズ）…4枚
A　水…2½カップ
　　だし昆布…5㎝
　　塩…小さじ½
B　削り節…1パック
　　おろししょうが…適量
しょうゆ…適量

1 豆腐は食べやすい大きさにきる。白菜はそぎ切りにし、ベーコンは半分に切る。

2 鍋にAを入れ、**1**を加えてふたをし、弱火にかけて5分ほど煮る。

3 豆腐、白菜、ベーコンに火が通ったら器に取り、Bをのせ、しょうゆをかけて食べる。

昆布とベーコン入りがきじま流。
おかかじょうゆがよく合う

炒り豆腐と オクラの かき卵スープ

［材料　2～3人分］

木綿豆腐…1丁
オクラ…10本
卵…1個
ごま油…大さじ½
A 水…2½カップ
　だし昆布…5cm
　みりん…大さじ1
　塩…小さじ¼
梅肉…梅干し2個分
塩…少々

1 豆腐はペーパータオルの上でつぶし、上にもう1枚かぶせて水分を押し絞る。オクラは1cm幅の小口切りにする。卵は割りほぐす。

2 鍋にごま油を入れて火にかけ、豆腐を加えて混ぜながら炒め、パラパラになったらAを加える。

3 煮立ってきたら昆布を引き出し、オクラを加え、オクラの粘りで少しとろみがついたら溶き卵を回し入れ、混ぜながら火を通す。梅肉を加え、塩で味を調える。

肉や魚がなくっても、豆腐と卵があれば
大満足。アクセントは梅肉

豆腐とアボカドの冷製ポタージュ

［材料　2〜3人分］
絹ごし豆腐…½丁
アボカド…1個
セロリ…½本
A ┃ 塩…小さじ½
　┃ オリーブオイル…大さじ1
水…1カップ
オリーブオイル…適量

1 アボカドは縦にぐるりと包丁目を入れてひねり、半分に分け、種と皮を除く。セロリは筋を取ってごく薄切りにし、葉はみじん切りにする。

2 ボウルにアボカドを入れてフォークでつぶし、泡立て器ですりつぶす。豆腐を加えて混ぜる。

3 なじんだらAを加えて混ぜ、分量の水を少しずつ加えてなめらかになるまで混ぜる。セロリとセロリの葉を、飾り用に少し残して加える。

4 器に盛り、飾り用のセロリとセロリの葉をのせ、オリーブオイルを回しかける。

火を使わないで作るスープ。
セロリの香りがさわやか

油揚げ、しいたけ、長ねぎの焼けた香りと
しょうゆの風味が身上

油揚げとしいたけの香ばしすまし

［材料　2〜3人分］
油揚げ…2枚
しいたけ…小4枚
長ねぎ…10cm
しょうゆ…少々
A 削り節…1パック
　とろろ昆布…5g
　しょうゆ…大さじ1
　塩…少々
熱湯…2½カップ

1 油揚げは3等分に切る。長ねぎは1cm間隔に切り目を入れながら5cm長さに切る。しいたけは軸をとる。

2 魚焼きグリルに**1**を並べて焼く。焼き色がついてきたら、ハケやスプーンでしょうゆをぬり、香ばしくなるまでしっかりと焼く。

3 器に**2**とAを入れ、分量の熱湯を注いで混ぜる（写真）。

厚揚げとトマトの蒸し煮スープ

加熱したトマトは甘くって濃厚。厚揚げとの相性もぴったり

［材料　2～3人分］
厚揚げ…小2枚
トマト…2個
クレソン…1枚

A
水…1½カップ
酒…大さじ2
オイスターソース…大さじ2
しょうゆ…大さじ1
おろしにんにく…小さじ½

1 厚揚げは4～5㎝角に切る。トマトはヘタの部分をくり抜いて8等分のくし形に切る。クレソンは3㎝長さに切る。

2 鍋に厚揚げ、トマト、Aを入れてふたをし、火にかける。煮立ったら弱めの中火で8分ほど煮る。

3 トマトが煮くずれてきたらクレソンを加え、さっと煮る。

大豆のチリビーンズスープ

ご飯にもパンにも合う！
缶詰で簡単に作れて
味わい本格派

［材料　2～3人分］
大豆水煮缶（またはドライパック）…100g
玉ねぎ…½個
ホールトマト缶…大½缶
サラダ油…少々
A 水…2カップ
顆粒スープの素…小さじ2
おろしにんにく…小さじ1
塩…少々
一味唐辛子…少々
タバスコ…適量

1 玉ねぎは1㎝角に切る。トマト缶は手でつぶす。
2 鍋にサラダ油を熱し玉ねぎをしんなりするまで炒め、トマトと大豆缶、Aを加えてふたをして10分ほど煮る。
3 木べらなどで大豆を軽くつぶし、とろみを出す。
4 器に盛ってタバスコをふる。

朝いちのサラダスープ

シャキシャキ野菜で
体が目覚める。
10分あれば作れる!

キャベツとベーコンのオイスタークリームスープ

朝にうれしいミルク味。
オイスターソースで
コクをプラス

[材料 2~3人分]
キャベツ…100g
エリンギ…100g
ベーコン(薄切り。ハーフサイズ)…4枚
水…1カップ
A 牛乳…1カップ
オイスターソース…大さじ2
塩…小さじ¼

1 キャベツは6cm角に切り、エリンギは1cm幅に切る。ベーコンは2cm幅に切る。

2 鍋に**1**と分量の水を入れてふたをし、火にかける。煮立ったら弱火で3分ほど煮る。

3 Aを加えて混ぜ、再び煮立つまで温める。

レタスと生ハムのシャキシャキスープ

ゆで卵をのせて、栄養バランスのいい朝ごはんに

［材料　2～3人分］

レタス…½個
生ハム…小1パック(20g)
ゆで卵…2～3個
A
水…2½カップ
バター…10g
顆粒スープの素…小さじ2

1 レタスは食べやすい大きさにちぎる。生ハムは食べやすい大きさに切る。ゆで卵は半分に切る。

2 鍋にAを入れて火にかけ、煮立ったらレタスを加えてさっと煮る。

3 器に盛り、生ハムとゆで卵をのせる。

アスパラ、ソーセージ、温泉卵のスープ

ほんのりとろみをつけたスープで、体があったまる

[材料　2〜3人分]

グリーンアスパラガス…1束

ウインナソーセージ…6本

温泉卵…2〜3個

オリーブオイル…大さじ½

白ワイン…½カップ

A 水…2½カップ
顆粒スープの素…大さじ½
塩…小さじ¼

B 片栗粉…大さじ1
水…大さじ2

1 アスパラガスはハカマをとって5cm長さの斜め切りにする。ソーセージも斜め切りにする。

2 フライパンにオリーブオイルを熱してソーセージを炒め、白ワインを入れて煮立ててアルコール分を飛ばし、Aとアスパラガスを加える。

3 Bを混ぜ合わせて水溶き片栗粉を作り、**2**に回し入れてゆるいとろみをつける。

4 器に盛り、温泉卵をのせる。

アボカドのホットサラダスープ

レモンをギュッと搾って食べる、
あっさり系

［材料　2〜3人分］
アボカド…1個
玉ねぎ…½個
ベビーリーフ…1パック
A｜水…2½カップ
　｜顆粒スープの素…小さじ2
塩…少々
カットレモン…適量

1 玉ねぎは繊維と垂直に3㎜幅に切る。アボカドは縦にぐるりと包丁目を入れてひねり、半分に分けて種と皮を除き、さらに縦2〜3等分に切る。

2 鍋にAと玉ねぎを入れてふたをして火にかけ、煮立ったらアボカドを入れて2分ほど煮る。火を止めてベビーリーフを加える。

3 器に盛り、レモンを添える。

もやし、ミニトマト、炒り卵の中華スープ

野菜スープに炒り卵を入れると、ボリュームが出ておかずになる

[材料 2～3人分]

もやし…150g
ミニトマト…8個
卵…3個
ごま油…大さじ½
A 水…2カップ
　鶏ガラスープの素…小さじ2
　塩…少々
粗びき黒こしょう…少々

1 ミニトマトはヘタを取って縦半分に切る。卵は溶きほぐす。

2 フライパンにごま油を熱して溶き卵を流し入れ、大きくかき混ぜながら火を通し、いったん取り出す。

3 2のフライパンにAとミニトマトを入れて火にかけ、煮立ったらもやしを加えて火を通し、2の卵を加える。

4 器に盛り、こしょうをふる。

きゅうりとトマトのヨーグルトスープ

目覚めに食べると最高！
冷蔵庫で冷やしても

[材料　2～3人分]

きゅうり…2本
トマト…1個
A　水…1カップ
　プレーンヨーグルト（無糖）
　…200g
　オリーブオイル…大さじ1
　おろしにんにく…少々
　塩…小さじ½
オリーブオイル…少々

1　きゅうり1本は1cm角に切り、もう1本はすりおろす。トマトは1cm角に切る。

2　ボウルにA、すりおろしたきゅうりを入れて混ぜ合わせ、切ったきゅうりとトマトを加えて混ぜる。

3　器に盛り、オリーブオイルをかける。

コーンフレークの豆腐トマトポタージュ

午前中のエネルギー源。
朝ごはんの新定番にしたい一皿

【材料　2～3人分】
絹ごし豆腐…1丁
A｜オリーブオイル…大さじ1
　｜塩…小さじ½
トマトジュース…1カップ
コーンフレーク（無糖）…適量

1　ボウルに豆腐を入れて泡立て器でペースト状になるまで混ぜる。
2　Aを加えて混ぜ、トマトジュースを加えて混ぜ合わせる。
3　器に盛り、コーンフレークをのせる。

市販品でちゃっかり

食べたいときが
作りどき。
きじま流アイディアが
キラリ

焼売《シューマイ》春雨スープ

焼売は好みのものでOK。
春雨と一緒だと
いくらでも食べられる

［材料　2～3人分］
焼売（市販）…8個
春雨（乾燥）…50g
貝割れ菜…1パック
A
水…3カップ
鶏ガラスープの素…小さじ2
ごま油…小さじ2
削り節…1パック
塩…少々

1
春雨は水や熱湯につけてもどし、水けをきって食べやすい長さに切る。貝割れ菜は根元を切り落とす。

2
鍋にAを入れて煮立て、春雨と焼売を入れ、ふたをして弱火で5分ほど煮る。

3
貝割れ菜を入れてさっと煮る。

から揚げトマトスープ

トマトジュースで作る濃厚スープは、から揚げと好相性

[材料　2〜3人分]
鶏のから揚げ(市販)…6個
キャベツ…200g
A
水…2カップ
トマトジュース…1カップ
塩…小さじ½強
パルメザン粉チーズ…少々

1 から揚げは半分に切り、キャベツは5cm角に切る。

2 鍋にキャベツとAを入れてふたをし、火にかける。煮立ったら、から揚げを入れて弱火で5分ほど煮る。

3 器に盛り、粉チーズをふる。

サラダチキンの冷製とろろスープ

サラダチキンにしっかり味がついているから、味つけは最小限

［材料　2～3人分］
サラダチキン（市販）…1パック（150g）
長いも…200g
A ┃ 熱湯…大さじ3
　┃ 顆粒スープの素…小さじ2
　┃ 塩…少々
無調整豆乳…1½カップ
粗びき黒こしょう…適量

1 長いもは皮をむき、すりおろしてボウルに入れる。

2 Aを合わせて溶かし、豆乳を加えて混ぜる。

3 **1**の長いもに**2**を少しずつ加えてのばし、サラダチキンを手でさいて加え、混ぜる。

4 器に盛り、こしょうをふる。

ご飯にかけて、とろろメシのようにして食べても。

焼き鳥の親子汁

［材料　2〜3人分］
焼き鳥（市販）…4串
卵…3個
玉ねぎ…½個
A　めんつゆ（3倍濃縮）…大さじ4
　水…2½カップ

火が通った焼き鳥だからすぐできる。
これだけで大満足、間違いなし

1 焼き鳥は串をはずす。玉ねぎは繊維に沿って1㎝幅に切る。卵は割りほぐす。

2 鍋にAを入れて混ぜ、焼き鳥、玉ねぎを加えてふたをし、火にかける。煮立ったら弱火で5分ほど煮る。

3 溶き卵を回し入れ、そのままいじらずに卵に火を通す。

厚揚げとさばみそ煮スープ

青背魚の栄養が
そのまま食べられる！
ご飯のおかずにも
酒の肴にも

［材料　2〜3人分］
さばみそ煮缶…1缶
厚揚げ…1枚
しらたき（アク抜き済み）…100g
A　水…2½カップ
　　だし昆布…5㎝
しょうゆ…大さじ½〜1
一味唐辛子…適量

1　厚揚げはぬるま湯（分量外）でさっと洗い、一口大に切る。しらたきは食べやすい長さに切る。

2　鍋にAと**1**を入れ、さばみそ煮缶を缶汁ごと加え、ふたをして火にかける。煮立ったら昆布を引き出し、弱火で5分ほど煮る。しょうゆで味を調える。

3　器に盛り、一味唐辛子をふる。

きじま流自家製ラーメンスープが
おいしさの秘密

肉まん入り ラーメン屋 スープ

［材料　2人分］
- **肉まん**（市販。加熱したもの）…2個
- **キャベツ**…1/8個
- A
  - 水…3カップ
  - 削り節…1パック
  - めんつゆ（3倍濃縮）…大さじ2
  - しょうゆ…大さじ1
  - 鶏ガラスープの素…大さじ1/2
  - ごま油…大さじ1/2
- 焼きのり…適量

1 キャベツは太めのせん切りにする。

2 鍋にキャベツとAを入れてふたをし、火にかける。煮立ったら弱火で2分ほど煮る。

3 肉まんはラップをして電子レンジで温め直す。

4 器に**2**を入れ、肉まんをのせて焼きのりを添える。肉まんをくずしながら食べる。

スープ焼きそば

ソース味としょうゆ味が
融合した、
新感覚のやみつき汁そば

[材料　2人分]
ソース焼きそば（市販）…1人分
かまぼこ…4cm
卵…2個
紅しょうが（ソース焼きそばに添付のもの）…適量
A
水…2½カップ
めんつゆ（3倍濃縮）…大さじ3

1 かまぼこは1cm幅に切る。焼きそばはラップをして電子レンジで温め直す。

2 鍋にAを入れて煮立て、焼きそばを加えてほぐし、かまぼこをのせる。

3 卵を割り入れてふたをして少し煮、好みの加減に火が通ったら火を止め、紅しょうがを添える。

食べたい食材で探す インデックス

肉

牛肉

ビーフシチュースープ 20
ミニトマトと牛肉のエスニックスープ 40
牛肉ときのこのすき煮スープ 56

鶏肉

鶏肉とじゃがいものバタみそスープ 10
鶏肉とかぶの生ハムスープ 12
手羽元とごぼうのサムゲタン風 14
手羽先とごろごろキャベツの白湯《パイタン》スープ 15
ごぼうとささ身の梅すまし 38
鶏肉のココナッツカレースープ 60

豚肉

豚肉とさつまいものキムチスープ 16
スペアリブと大根のオイスタースープ 18
くし形キャベツと豚バラの和スープ 32
レタスと豚肉のしゃぶしゃぶみそ汁 34
大根のごろごろ豚汁 35
肉じゃがスープ 42

ひき肉

ひき肉とキャベツの重ねスープ 22
白菜入り餃子スープ 24
肉団子ときゅうりの塩スープ 26
マーボースープ 62
ひき肉と大根のザーサイスープ 64

肉加工品

スパム

ゴーヤチャンプルースープ 58

ソーセージ

まん丸玉ねぎとフランクフルトのポトフ 50
白菜漬けとソーセージのすっぱスープ 59
アスパラ、ソーセージ、温泉卵のスープ 79

生ハム

鶏肉とかぶの生ハムスープ 12
レタスと生ハムのシャキシャキスープ 78

ハム

沢煮椀風 53

ベーコン

あさりとベーコン、じゃがいものスープ 28
丸ごとじゃがバタスープ 46
湯豆腐スープ 70
キャベツとベーコンのオイスタークリームスープ 76

魚介

あさり

あさりとベーコン、じゃがいものスープ 28

鮭

鮭のクリームスープ 29

鯛などのあら

ごぼう入りあら汁 30

魚介加工品

さば水煮缶・さばみそ煮缶

にんじん、玉ねぎ、さば缶のスープカレー 51
厚揚げとさばみそ煮スープ 89

ツナ缶

じゃがいもとツナの唐辛子スープ 44

かまぼこ

スープ焼きそば 91

さつま揚げ

にんじん、玉ねぎ、さつま揚げの塩昆布スープ 52

ちくわ

薄切りおでん 31

はんぺん

しいたけ、きゅうり、はんぺんのおつゆ 39

明太子
豆腐と水菜の明太スープ 68

大豆製品

厚揚げ
薄切りおでん 31
厚揚げとトマトの蒸し煮スープ 74
厚揚げとさばみそ煮スープ 89

油揚げ
小松菜と油揚げの辛子すまし 37
油揚げとしいたけの香ばしすまし 73

大豆水煮缶
大豆のチリビーンズスープ 75

豆腐
マーボースープ 62
つぶし豆腐の冷や汁 66
豆腐と水菜の明太スープ 68
湯豆腐スープ 70
炒り豆腐とオクラのかき卵スープ 71
豆腐とアボカドの冷製ポタージュ 72
コーンフレークの豆腐トマトポタージュ 83

卵
シャキシャキ白菜ともやしのたぬき汁 36
ニラ、えのき、落とし卵のみそ汁 54
ゴーヤチャンプルースープ 58
もずくとえのきたけの酸辣湯《サンラータン》 65
炒り豆腐とオクラのかき卵スープ 71
レタスと生ハムのシャキシャキスープ 78
アスパラ、ソーセージ、温泉卵のスープ 79
もやし、ミニトマト、炒り卵の中華スープ 81
焼き鳥の親子汁 88
スープ焼きそば 91

野菜

オクラ
炒り豆腐とオクラのかき卵スープ 71

貝割れ菜
焼売《シューマイ》春雨スープ 84

かぶ
鶏肉とかぶの生ハムスープ 12

きのこ
鮭のクリームスープ 29
くし形キャベツと豚バラの和スープ 32
小松菜と油揚げの辛子すまし 37
しいたけ、きゅうり、はんぺんのおつゆ 39
ニラ、えのき、落とし卵のみそ汁 54
牛肉ときのこのすき煮スープ 56
もずくとえのきたけの酸辣湯《サンラータン》 65
油揚げとしいたけの香ばしすまし 73
キャベツとベーコンのオイスタークリームスープ 76

キャベツ
手羽先とごろごろキャベツの白湯《パイタン》スープ 15
ひき肉とキャベツの重ねスープ 22
くし形キャベツと豚バラの和スープ 32
キャベツとベーコンのオイスタークリームスープ 76
から揚げトマトスープ 86
肉まん入りラーメン屋スープ 90

きゅうり
肉団子ときゅうりの塩スープ 26
しいたけ、きゅうり、はんぺんのおつゆ 39
つぶし豆腐の冷や汁 66
きゅうりとトマトのヨーグルトスープ 82

グリーンアスパラガス
アスパラ、ソーセージ、温泉卵のスープ 79

クレソン
厚揚げとトマトの蒸し煮スープ 74

ごぼう
手羽元とごぼうのサムゲタン風 14
ごぼう入りあら汁 30
ごぼうとささ身の梅すまし 38

小松菜
小松菜と油揚げの辛子すまし 37

ゴーヤ
ゴーヤチャンプルースープ 58

さつまいも
豚肉とさつまいものキムチスープ 16

じゃがいも
鶏肉とじゃがいものバタみそスープ 10
あさりとベーコン、じゃがいものスープ 28
肉じゃがスープ 42
じゃがいもとツナの唐辛子スープ 44
丸ごとじゃがバタスープ 46
オニオンポテトグラタンスープ 48
沢煮椀風 53

ズッキーニ
ラタトゥイユ風スープ 41

セロリ
ミニトマトと牛肉のエスニックスープ 40
豆腐とアボカドの冷製ポタージュ 72

大根
スペアリブと大根のオイスタースープ 18
薄切りおでん 31
大根のごろごろ豚汁 35
ひき肉と大根のザーサイスープ 64

玉ねぎ
鶏肉とじゃがいものバタみそスープ 10
ビーフシチュースープ 20
ごぼう入りあら汁 30
レタスと豚肉のしゃぶしゃぶみそ汁 34
肉じゃがスープ 42
じゃがいもとツナの唐辛子スープ 44
丸ごとじゃがバタスープ 46
オニオンポテトグラタンスープ 48
まん丸玉ねぎとフランクフルトのポトフ 50
にんじん、玉ねぎ、さば缶のスープカレー 51
にんじん、玉ねぎ、さつま揚げの塩昆布スープ 52
大豆のチリビーンズスープ 75
アボカドのホットサラダスープ 80
焼き鳥の親子汁 88

トマト・ミニトマト・ホールトマト缶
ミニトマトと牛肉のエスニックスープ 40
ラタトゥイユ風スープ 41
つぶし豆腐の冷や汁 66
厚揚げとトマトの蒸し煮スープ 74
大豆のチリビーンズスープ 75
もやし、ミニトマト、炒り卵の中華スープ 81
きゅうりとトマトのヨーグルトスープ 82

長いも
サラダチキンの冷製とろろスープ 87

長ねぎ・細ねぎ
スペアリブと大根のオイスタースープ 18
肉団子ときゅうりの塩スープ 26
牛肉ときのこのすき煮スープ 56
マーボースープ 62
油揚げとしいたけの香ばしすまし 73

なす
ラタトゥイユ風スープ 41
鶏肉のココナッツカレースープ 60

ニラ
ニラ、えのき、落とし卵のみそ汁 54

にんじん
大根のごろごろ豚汁 35
まん丸玉ねぎとフランクフルトのポトフ 50
にんじん、玉ねぎ、さば缶のスープカレー 51
にんじん、玉ねぎ、さつま揚げの塩昆布スープ 52
沢煮椀風 53

にんにく
手羽先とごろごろキャベツの白湯《パイタン》スープ 15

白菜
白菜入り餃子スープ 24
シャキシャキ白菜ともやしのたぬき汁 36
湯豆腐スープ 70

パセリ
白菜漬けとソーセージのすっぱスープ 59

ブロッコリー
鮭のクリームスープ 29